숨비소리 너머
Beyond Sumbisori

김철호 *Kim, Cheol-Ho* 金喆虎 제주시 한림 출신, 2000「공우」 논설, 월간 〈한국시〉 당선 등단, 전) 영주문학회 회장, 한림문학회 부회장, 제주MBC시청자위원회부위원장 역임, 시집 『그리움 한 조각』, 〈백두산문학상〉 수상(2015), 법학사, 교육학석사, 지방행정, 교육공무원 정년퇴임, 녹조근정훈장 수훈, 현, 한국문인협회· 제주문인협회 회원, 제주해녀문화학회· 해녀문화보전회· ICC-JEJU 이사, 제주지방법원 조정위원, 제주청소년연합 자문위원.

표지화/컷 김순례 *Kim, Sun Lye*

제주어 및 영어번역 이종실 *Lee, Jong Sil*

다층이 만든 시집 019

숨비소리 너머

발행일 2020년 9월 30일
지은이 김철호
펴낸이 김동진
펴낸곳 도서출판 다층
등록번호 제27호
주소 (63211)제주특별자치도 제주시 오복5길 14, 1층
전화 (064)757-2265/FAX(064)725-2265
E-mail dc2121@empas.com

ISBN 978-89-5744-099-5 03810

값 12,000원

* 이 시집은 Jeju 제주특별자치도 해녀문화유산과, JFAC 제주문화예술재단 으로부터 제작비 일부를 지원받았음.

다층이만든시집 019

김철호 시집

Kim, Cheol Ho Poetry

숨비소리 너머

Beyond Sumbisori

다층

시인의 말

바다는 제주 섬 존재의 모태
바다 속을 유영하는 해녀, 제주의 어머니.
내 마음의 창에는 언제나 빨간 한림항 등대
물질하는 해녀, 파도 따라 떠도는 태왁
저 멀리 비양도, 그리고 수평선이 있었다.
소년기, 항구에 서면
저 멀리 검푸른 바다, 수평선 너머 세상 그리며
원대한 꿈을 품고 또 고쳐 품었지
그렇다! '해녀', 이 얼마나 거룩한 이름인가?
가히 우리들의 생명줄이요, 제주 역사의 주인공이며
미래 인류사회의 거울이다.
가정경제를 살리면서 공동체 정신으로 마을 통합운동,
초등학교 만들기 사회 기부운동, 수탈자 일본에 대한 평화적인 저항운동
자손만대 복지 평화를 갈망했던 거룩한 손, 신의 손이었다.
우리나라는 '해녀'를 국가무형문화재 제132호로 등록
유네스코 무형유산위원회에 인류무형문화유산으로 등재
이제 해녀문화는 인류가 관심을 갖고 공감하게 되었다.
이 신비스런 해녀문화를 사실주의, 낭만주의, 아방가드로 정신으로 표현하여
오래 남기도 싶은 뜻을 품고 마음의 붓 들어 감히 그려봅니다.
우리가 하는 일은 한 방울의 물에 지나지 않지만, 그 한 방울의 물을
바다에 떨어뜨리렵니다.
제주어와 영어 번역해 주신 이종실, 김순례 화백, 제주인 모두에 감사드립니다.
우리 모두 해녀 문화부족(文化部族)을 지향하여

2020년 9월

김 철 호

Preface

The sea is mother's breasts for the existence of Jeju Island
Swimming under the sea is Haenyeo, Jejuin's Mother.
In the window to my heart always used to be the red lighthouse in Hallim Harbor,
Haenyeo diving under the sea with her taewak of buoy floating on the waves,
Isle of Biyangdo and the horizon way over there.

When a boy, standing at the harbor,
I dreamt of a world over the horizon, over the black and blue ocean way over there
Bore and nurtured a great ambition in my mind.

That's it! What a sacred name it is, Hanyeo!
Well, it is a lifeline for us, the heroin in Jeju's history.
It had holy hands, holding the domestic economy and promoted village consolidation through team spirit,
Leading the social contribution, elementary school building movements and demonstration of peace and justice against Japan, the exploiter,
The sacred and divine hands longing for the welfare and peace from one generation to another.

Korea designated Haenyeo as national intangible cultural asset No. 132, and enrolled it as Intangible Cultural Heritage of Humanity in UNESCO Intangible Heritage Committee. Now Haenyeo Culture has attracted the interest and won the sympathy of mankind. I darely describe this sacred Haenyeo culture with the intention of expressing and cherishing it for long, in the way of realism, romanticism, and avant-garde spirit.

Even though this is no more than a drop of water, I will drop one into the sea. I am obliged to Jongsill Lee for translation into English and into genuine Jeju Language both and to Sunlye Kim for the illustrations.

We all aim for a Haenyeo tribal society.

September 2020, Kim, Cheol Ho

차례

제1부 실존하는 바다

제2부 섬 여인

제3부 표준어 제주어 역시 멍텅구리

제4부 막걸리

제5부 해녀의 기도

제6부 너에게 가는 길은 멀고 험하다

제1부 실존하는 바다

실존하는 바다

모래, 진흙, 바위 베개 삼아 하늘 향해 오르고 올라
그리하여 태양에 반짝이는 은광 발산하며
태초부터 지금 여기, 바다는 그렇게 실존하누나

갈기 휘날리며 거세게 밀려오는 파도 파도여
이내 사그라져 그 시원으로 돌아가고
모래언덕 오르다 보면
끊어질 듯 이어지는 흔적이 가녀리게 드러나는데
작은 게 하나 횡보로 기어가고 있네
와우! 나는 한 걸음이면 되는데
얘는 인고의 여정

고달픈 삶의 자락에서
끝없는 바다 바라보노라면
평온해지는 내 마음
바다는 나의 케렌시아(querencia)

The Existence of the Sea

Rising up to the sky with feet on the sand, mud and rocks
Shining silver lights out against the sun, afterwards
Now and here, the sea has so existed since the beginning of the world

Waves, they rush fiercely to the shore fluttering manes
And rush back waning to the starting point soon
When I rise up the sand hill
Dimly seen are the tracks drift and loose
A little crab creeps sidling along the way
Wow! Only one step to me
Is a journey of endurance to this guy

From a foot of wearisome life
Watching the endless sea
I find my heart in tranquility
The sea is my querencia.

기도하는 바다

무한대 수평선 너머 붉은 태양 솟구쳐 오르는
동방의 해 뜨는 나라
순수의 바다, 시퍼런 물결 맞아
유목민처럼 자유롭게 항행하자

신비의 바다, 파도에 실려 오는
수많은 전설 속 영웅이 되어
바다 깊숙이 감추어진 보물지도를 찾아 떠나자

저 멀리 촛대바위 맴도는 물새 떼
피곤한 나래 쉴 즈음
등대도 눈 빨개져 애오라지 기다림으로 밤 지새우고
아득한 거리에서 영혼의 만남으로 기도 바친다.

우리, 달려가자 바닷가로
쉼 없이 밀려오는 파도 바라보며
지난날 고운 추억들, 모래톱에 묻고

뿔 고둥 노랫소리 물결 타고 흘려오면
멸치 후림에서 고래 음향까지 감응하며
사해동포와 더불어 자유 평화의 소원이
바다 용궁에서
지구촌 인류의 마음속에
산호처럼 곱게 피어나게 하소서

Prayers of the Sea

With the red sun soaring above the limitless horizon
The country of rising sun in the East
The sea of purity, facing the dark blue waves
Let the country sail in the sea freely like nomads

Coming wrapped in waves, the sea of mystery
The hero in the numerous legends
Let the hero set off to find the treasure map hidden deep under the sea

A group of water birds flying around the candlestick rock far away
When they let their tired wings have a rest
The lighthouse somehow also stands up to red eyes all night waiting (for the morning)
The sea gives prayers greeting the soul from a far distance

To the seashore, let us run
Watching the waves rushing restlessly
And burying all the nice memories in the sand bank

When the horn shell's songs flow along the waves
Responding to the sounds of from anchovy to whales

Let the hopes for the freedom and peace with the world brethren
In the palace of sea kings
In the mankind's mind in the global village
Be answered as beautiful as coral reefs.

바다 모놀로그

옛날 옛적, 사시사철 파도소리 들리는
바닷가 순이네 오두막집
순이는 갯가를 돌며
파래, 고동, 게를 잡아요

바다 멀리 작게 보이는 어선들
이제 오실까 저제 오실까
숨 죽여 기다리고 기다리며
순이는 날마다 성숙해 갔어요

비 내리고, 눈발이 날려도
아빠, 엄마, 순이는
이 바다 저 바다로 순례하며
고달픈 삶을 실어 오는데

봄, 여름, 가을, 겨울이 여러 번 지나
순이는 부푼 가슴 안고
왕자 따라 이웃 마을로 시집갔어요.
사랑의 증표로 아들 딸 낳고는
다시 춘하추동이 여러 번 지나
이제 순이 엄마는 할머니가, 아빠는 할아버지가 다 됐네요.

사시사철 파도 소리 들리는
바닷가 순이네 오두막집
해, 달, 별이 영겁으로 윤회하는데
오늘도 순이 가족의 웃음소리는
물결 타고 수평선 너머로 흘러갑니다.

The Sea's Monologue

Once upon a time when with the sounds of waves for four seasons
In the seashore was Suni's cottage
Suni, getting along the seashore
caught green laver, seashells and crabs

Waiting for the fishing boats looking tiny far away on the sea
To come now or then
Holding her breath to wait
Suni got matured every day

In the rain or in the snow
Papa, mama and Suni
Lead a hard life
Pilgrimizing from this sea to another

With many springs, summers, falls, and winters passed
Suni got married to a prince in the near village
With eager anticipation
Bore a son and a daughter as a love token
After more many four seasons passed
Now Mom Suni became a grandmother, and her hus grandfather

With the sounds of waves for four seasons
In Suni's cottage at the seashore
Where the sun, the moon, the stars are reborning eternally
Suni family's laughters are today also
Flowing on the waves over the horizon.

고해(告解)의 바다

죄스런 마음 안고
바닷가에 섰다

사악한 마음의 씨앗이
말과 행동으로
세상 평온을 흔들린 죄 용서하여 주소서

부모 마음 상하시게 하고
형제자매 불협화음
어찌 다 헤아리겠습니까?

무한경쟁 사회에서
물욕, 정욕, 명예, 권력욕의 유혹에 빠졌던 날들
돌아보면 부끄럽고 후회가 밀려 와

이제 삶의 뒤안길에서
모든 것 다 내려놓고
자연의 섭리에 귀의하오니 받아주소서
이 영육을 백사장 모래처럼
수 천만 번 정결하게 씻어주소서

Sea of Confession

Feeling guilty
Stood at the seashore

A seed of an evil mind
With actual tongue and action
Shook the tranquility of the world, forgive me for the guilt

Hurting the parents feelings
Causing the discord among the siblings
How can I guess all the guilts

In the socicty of limitless competition
The days tempted by earthly desires, sexual desires, honor and greed for power
Recollecting the days makes me ashamed and repenting

Now in the backtrail of life
I Unload everything
And turn to the providence of nature
Please accept and wash the soul and body
As clean as beach sand thousands and thousands times

등대의 꿈

젊은 날, 내 마음 속에
빨간 등대, 불 밝히고 있었다.

깜깜한 밤 폭풍우 몰아쳐도
흔들림 없이 삶의 여정 비쳐주었지

때로는 감당할 수 없는 해일이 밀려와도
수평선 끝자락을 비추며 원대한 꿈을 키워 나갔지

이만치 살아 온 삶의 뒤안길에서
아직도 나의 인생항로를 인도하고 있는 등대.

Dream of Lighthouse

In my mind in my youth
Was the red lighthouse lighting up

Even when a storm rushed in the dark night
It shone the my journey of life without wavering

Sometimes even with tsunami too strong to overcome
It nurtured the grand dream shining the edge of the horizon

On such a backtrail that I managed to follow
The lighthouse is still leading my path of life.

등대의 숙명(宿命)

언젠가는 누군가가 찾아줄 것이기에
나는 오늘도 목을 길게 뽑고
저 멀리 수평선 너머로까지
마중 불빛 비춘다.

오랜 시간동안 안 오실지라도
나는 숙명적인 기다림으로
무적(霧笛) 울음을
마중 불빛을 시그널로 보낸다.
오늘도 바다 지키는 파수꾼
연인을 기다리는 내 마음의 서치라이트

Fate of Lighthouse

Believing that someone will visit me sometime
I pull my neck out forward
To far away over the horizon
Shining the light of welcoming

Even though nobody comes for long
Waiting in the predestined way
I send a fog siren
Send the signals, lights of welcoming
I'm a guard keeping the sea today again,
The searchlight in my mind waiting for my love

숨비소리

멀리서 바라보면 참 멋져요
바다 저 멀리 쌍돛대 솟구치고 사라지면서
한 참 후에 호오이 하는 숨비소리

해녀가 숨 참고 자맥질하여 수심 깊이 들어가
전복 소라 채취하고
물 위에 급하게 오르는 생명의 숨 호오이~

바라보는 이는 그림 같은 풍경이지만
물질하는 해녀는 목숨이 오락가락
보이지 않는 이면에 목 메이는 사연을
바다 물결이 지우고 다시 새롭게 시작
연달아 연달아서

Sumbisori

It's so nice to watch from a distance
When the two masts soaring up and down the water far away
To hear the exhaling sound, 'Ho-ee' from them after some time

Hanyeo dives deep under the sea keeping her breath
Catches the abalones and shells
And breathlessly comes upon the surface and breathe out the sound of life, 'Ho-ee"

To the watcher, it's a picturesque scene
To the diving Haenyeo, the life is on and off, however
The situations unseen holding her life
The sea waves write and erase
Continuously and continually

해남 & 해녀

옛날 옛적 에덴동산에
미역귀로 부끄럼 가리고
우리, 그랬지 그 때 그 시절

미녀와 야수처럼 뜨거웠던 사랑의 기억
진정 휴머니스트였다면
살얼음 녹이는 햇살처럼
그대 마음에 아다지오로 접촉해야 했었는데

이제 와
흘러가 버린 물, 쏘아버린 살을 다시 되돌릴 순 없지만
"당신은 영원한 나의 연인"
"Me too!"
발그레 미소 짓는 여인
행복에 겨운 지금 여기
해남, 해녀의 뜨거운 사랑
우리는 영원한 삶의 동반자

Haenam, the Sea Man and Haenyeo, the Woman

Once upon a time in the Garden of Eden
We covered the shame with sea weed
We did that, in those days

The memory of loving each other is like Beauty and the Beast
Had I been a real humanist
I should have touched your heart with adagio pace
Like the sunshine melting the thin ice

But now
Though not able to return the flowed water or the flown arrow
"You are my companion forever"
"Me too!"
A woman smiling tinged a little with red
Now and here with too much happiness
Hot love between Haenam and Haenyeo
We are companions in life forever

횡재

바람이
바다 물결을 충동시켜
파도를 만들고

햇살이
바닷물 속을 환하게 비쳐주었지

그러기에
나는
바위 틈새로 쏘옥 들어가는 문어발을 잡고
끄집어 낼 수 있었지
와! 기분 좋은 날

Windfall

The wind
urges the sways of water
To be waves in the sea

The sunshine
lit up brightly the inside under the sea

So
I
Could catch an octopus on the foot before it slipped into the crack of a rock
And pull it out of water
Wow! So happy day

윤회하는 해녀

순이 엄마
물안경 쓰고 용궁 살피다가
깊은 바위 틈, 소라 전복 발견하고는
하늘 차고 바다 밑으로 자맥질

먹이 채는 솔개처럼
빗창으로 전복 소라 따고
바닥 차고 위로 솟구쳐 올라
참았던 숨 몰아쉰다. 호오이~

한라산이 보이면 설문대 할머니에 빌고
물속에선 용왕님께 빌고

파도가 몇 차례 오고 가면
다시 하늘 차고 자맥질
바닥 차고 올라오고
윤회하는 해녀
영원으로 이어가는 해녀의 삶

Reborning Haenyeo

Suni's Mom
Surveys the palace of sea kings with swimming goggles on,
Finds conches and abalones in the deep crack of rocks
And dips into the sea kicking up the sky

Like a kite snatching the prey
Picks abalones and conches with a spear
Soars up to the surface kicking the bottom
Breathes out the kept breath, Ho-ee-

Prays to *Seolmundae Halmoni* when seeing Mt. Hallasan
Give prayers to the sea kings under the sea

After several waves come and go
Dipping again kicking up the sky
Coming up to the surface again kicking the bottom
Reborning *Haenyeo*
Haenyeo connects her life to the enternity

섬 섬

섬
섬들은
화구호에서 불쑥 솟구쳐 올라 비산하다
떨구어진 뜨거운 용암덩어리
큰물이 감싸 안아 식혀주고 단단하게 굳혔네.

흰 구름 흘러가는
바위섬
바위섬에
새들 둥지 틀어 번식하고
고운 꽃들 피어나
지나가는 어부, 해녀들 향해 손짓하누나.

섬
섬들은 오늘도 누군가를 애타게 기다리며
눈, 귀 모은다.
서퍼, 모터보트, 어선, 여객선, 군함이 오가고
해녀들 숨비소리 들린다.
그리고 숙명적으로
파도소리, 파도소리 듣는다.

The isle, islands

The isle
Or islands
Soared up from the crater all of a sudden and flew separately

A hot mass of lava dropped down from the sky
Big sea water hugged, cooled and hardened it solid

With a white cloud flowing
The rocky island
On this rocky island
Birds make nests and breed
Beautiful flowers bloom and
Wave their hands to the fishermen and *Haenyeos* passing by

The island
The isles are waiting for someone with impatience today again
open their eyes and ears wide
Surfers, motor boats, fishing boats, passenger ships and battleships come and go
We hear *Haenyeos'* coming out
And in a predestined way
We hear the sound of waves, the sound of waves

말미잘 연가

살랑살랑 부드러운 말미잘
촉수에는 독성을 감춘 자포
가까이 오는 적군에게 독물을 쏘아대요
한 번 당해본 애들은
무서워서 슬슬 피해 다녀요

하지만 작은 흰 동가리는
말미잘 가까이 유영하면서
다른 포식자의 공격을 피해 다녀요

고운 몸짓으로 헤엄치는
흰 동가리의 유혹에 따라 가다간
말미잘에게 당하고 말지요
흰 동가리는 자신을 보호해주는 말미잘에게 미끼가 되어 보답해요

말미잘이 먹다 남은 찌꺼기는
흰 동가리가 먹어 청소해줘요
둘은 서로 도우며 살아가요
참 부럽지요!

Love Song of a Sea Anemone

A gently soft anemone has
The cnidocyte with poison hidden in tentacle
Shoots out the poison to the enemy approaching
Children who were once shot by it
Avoid it carefully with fear

A small anemone fish, however
Swimming around near the sea anemone
Defend itself from the attacks of predators

Being attracted by the temptation of
An anemone fish swimming elegantly
Shall end in being captured by the sea anemone
The anemone fish rewards its protector by being a bait

Food leftovers from the sea anemone
Anemone fish clears by eating them out
The two exist helping each other
How envious!

제2부 섬 여인

섬 여인

한라, 백두 화구호에서 철렁 솟구쳐 올라
바다에 떨어진 마그마 덩어리가
물길 따라 흐르고 흘러 멈춘 자리에
꿈꾸는 섬, 다도해가 되었다네.

섬 여인
바닷가에서 미역, 고둥, 전복, 소라 잡으며
고기잡이 나간 남편 무사 귀환 기다리며
소박하고 행복하게 살아가네.
이들에 영원한 평화와 안식을 주소서

A Woman Islander

Soaring up high from the craters of Halla and Baekdu
A mass of magma fallen to the sea
Flew along the stream to stop and on the spot
Became a dreamy island, an archipelago

A woman islander
Picking seaweeds, eggshells, abalones and conches in the seashore
Waiting for her husband to be back safe from the sea
Makes a simple and happy living
God bless them with eternal peace and rest

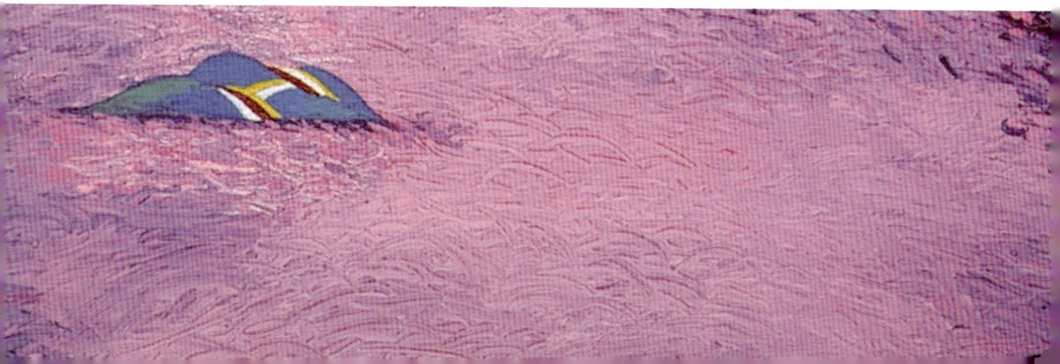

비양도(飛揚島)

한라(漢拏) 화구호에서 철렁 솟아올라
떨어지는 마그마가 포말에 부대끼는
심해 낭떠러지

더딘 흐름의 붉은 액체는
파란 멍 자국에 부딪쳐
물길 따라 굳어지는데

옥동자를 잉태한 비바리가
"저기 가서 살고 싶어라" 호소하자
지괴가 멈추었더라.

흐르는 섬
꿈꾸는 섬
비양도가 되었다

분화구를 보금자리 삼아
해남, 해녀, 아이들 오순도순 살아가는데
비바람 치던 날, 고기잡이 나간 남편 돌아오지 않아
기다림에 지쳐 굳어져 버린 애기업은 돌

비바람이 태양이 별빛 달빛이 억겁을 찾아와도
회한의 세월을 거부하지 못하는
해녀의 혼은 아직도 지아비를 고대하며
그 자리에서 망망대해를 바라보고 있구나
사위에 파도만이 부딪쳐 오고 사라져 갈 뿐인데

※ 비양도(飛揚島)는 : 제주특별자치도 제주시 한림읍 앞바다에 위치.

Biyangdo

Soaring up high from the crater in Halla
Magma fell suffering with the bubbles
Onto a cliff in the deep sea
The red fluid flowing slow
Hit by the black and blue bruise
Got solid along the stream

A virgin conceiving a precious baby
Appealed, "I'd like to live there."
The landmass stopped just then.

Flowing island
Dreaming island
Biyangdo has come to be real

Tending the crater as a nest of home
Haenam, Haenyeo and their children were doing well together
On a stormy night, the husband went fishing and was not back home
The wife was too tired to wait and got solid to be 'a stone with her baby on the back'

Even though the rainstorm, the sun, or the lights of the moon and stars come to visit
Not being able to avoid the seasons of repentance
The soul of *Haenyeo,* still waiting for her husband
Is watching the open sea on the spot
Only the waves come hitting and go disappearing

※ *Biyangdo:* An isle located off Hallim-eup, Jeju-si, Jeju-do

해녀의 생애

13살 즈음에 원담 안에서 보말, 게 고동 잡는 햇병아리, 아기 해녀
15살 즈음에는 하군 해녀 되었어요.
얕은 바다에서 미역, 톳, 우뭇가사리, 소라 캐냈어요. 얼마나 신바람이 났었는지

18세 즈음에 중군해녀로 진급 했어요
깊은 바다로 나가 소라, 문어, 전복 잡았어요.
20세, 상군해녀로 성장하여 먼 바다로 나가 물질했어요.
일본, 중국, 러시아 바깥 나라에도 갔었지요.

이제 칠순이 넘은 할머니 해녀는
옛 추억이 깃든 얕은 바다로 다시 돌아와
젊은 날의 기억을 불러오고 있답니다.
먼 바다에서 들려오는 숨비소리 들으며~~~

우리는 깊은 존경과 사랑으로 고백합니다.
"당신 덕분에 잘 살았습니다."
"당신 덕분에 우리 지역이 행복했습니다."
"당신 덕분에 자연생태는 유전되었습니다."

※ 제주 원담 : 해안가에서 밀물과 썰물의 차를 이용하여 고기를 잡을 수 있게 쌓아 만든 돌담. '원' 또는 '개'라고 한다. 돌로 만든 그물인 셈이다.(한국향토문화전자대전)

ells in *Wondam,* a natural holder, at the age of around 13
Beacame a beginner *Haenyeo* at the age of around 15
Picking sea weeds, agars and conches in the shallow water, how exciting it was

Promoted to the intermediate *Hanyeo* at the age of around 18
She captured conches, octopuses, abalones in the deep sea out there
The advanced *Haenyeo* with the age of 20 went out to dive to the far sea
Even to Japan, China, and Russia and to the seas beyond the countries

The old *Haenyeo* with the age of over 70 now
Comes back to the old shallow water cherishing the old memories
Collecting the memories of her youth
Hearing other *Haenyeo's* exhaling sounds from the sea far away

We confess with deep admiration and love for you
"We owe so much of our living to you."
"You have made our village good to live."
"You have made our community so peaceful."

※ *Jeju's Wondam*: Jeju's traditional fish holder rimmed with stone walls to catch the fish using the tides at the seashore, a kind of stone net. It's also called '*Won*' or '*Gae*.'(Hanguk Folk Culture Electronic Encyclopedia)

최남단 방어 축제

저 너머 갈꽃 나부껴, 산방산이 우뚝 서 있는
대한민국 제주도 서귀포시 모슬포 항구에서

"아빠~, 나 물고기 잡았어 아이코 놓쳤다!"
"민혁아, 머리 쪽을 꽉 움켜잡아야 해
잘못하면 미꾸라지처럼 속 빠져나가…."
"아빠! 할아버지가 물고기 잡았어요."

이리저리 세차게 유영하며
팔딱팔딱 튀어 오르는 힘 좋은 방어
가족관광 온 삼대가 '맨손 방어잡기' 도전

지구촌 대표 해양문화축제
바다, 하늘, 섬이 하나로 출렁이는 '최남단 방어축제'
팡파르 울리며, 길놀이, 풍어제, 가요제 공연을 뒤로
해녀촌에 들러 방어 아가밋살 한 점에
초장, 깻잎, 상추, 고추냉이 올리고
한라산 설경을 바라보며 소주 한 잔 쭈욱~
와우! 바다와 육지를 홀랑 삼키는 쾌감으로 부르르 떨었지
저기 대한민국 최남단 마라도를 바라보며
매운탕, 전복, 흑돼지 바비큐로 원기 충천

이제 마지막 하이라이트
친구야 배 띄워라
깊은 바다 가운데로 나가자
방어와 대결하는 짜릿한 손맛
대방어를 낚아 올리면

세상 부러울 일 없을지니
눈보라, 사나운 파도야 태클 걸지 마
마라도 '국토최남단' 표지석 앞에 서서
태평양을 바라보자
근심, 걱정, 망상, 스트레스, 트라우마….
21세기, 혼탁한 세상사, 망망대해로 흔적 없이 떠나보내자

※ '최남단 방어축제'는 제주의 대표적 해양문화축제, 매년 11월 모슬포항에서 열린다. 방어는 전갱이과에 속하는 어종.

The Southernmost *Bangeo* Festival

At Mosulpo Bay, Seogwipo-si, Jeju-do, Republic of Korea
Seeing Mount *Sanbangsan* standing lofty with fluttering autumn flowers over there

"Daddy, I caught a fish. Eeek, I missed it!"
"Minheok, you should grab it on the head tightly.
Otherwise it may slip out of your hands like a mudfish
"Daddy! Grandpa caught a fish."

Swimming violently this way and that
Strong fish, yellow tail, jumps up flapping the water
A family of three generations apply 'to catch the fish with bare hands'

A representative marine culture festival in the globe
In 'the Southernmost *Bangeo* Festival', the sea, the sky and the whole island are levelling together
After roads shows, the ritual for a big catch, and song concert with fanfare sounds,
We drop by a *Haenyeo's* Restaurant to see a slice of *Bangeo's* gill
Put soy sauce, perilla leaf, lettuce, and horseradish on them,
Drink a cup of *soju* watching the snowy landscape of Halla Mountain
Wow! Trembling with pleasure of swallowing the sea and land at a time

Watching Marado Isle, the southernmost tip of Korea

At last, the final highlights
Oh, buddy. Set the ship off.
Let's get out to the center of the deep sea
Thrilling touch of catching a Bangeo
To catch a big *Bangeo* on the fishing line
Makes me envious of nobody in the world
Don't tackle me, snowstorm or fierce waves!

Let's face the Pacifice Ocean
Standing in front of the signpost of 'the Southernmost of Korea'
Let's remove worries, concerns, delusion, stress and trauma….
The murky world affairs of the 21st century, Let's send them away to the open ocean without any trace

※ 'The Southernmost *Bangeo* Festival' is Jeju's representative marine culture festival. It is held at Mosulpo Bay in November every year. The fish *Bangeo* belongs to Carangidae.

물허벅 여인상

바다 물질에서 나온 잠녀(潛女)
물허벅 지고
다시 마을 포구로 종종 걸음
서늘한 용천수 허벅에 가득 담아
집으로 돌아와 물항에 붓는다.
우주의 시원을 끌어 올려, 다시 붓는
아름답고 성스러운 제주 여인이여

물허벅 등에 지고, 어깨 너머로 항아리에 흘리는 여인상이
마을, 오름, 호텔 올레길, 청계천에...
로렐라이 언덕의 인어상 처럼
세상을 굽어본다
제주인 삶의 역사를 거증하며….

The Statue of Woman with *Mulheobeok* on the back

A woman diver getting out back from working under the sea
With a *mulheobeok* on her back
Walks with short and quick paces to the bay again
Fills the *heobeok* with fresh spring water
Spills the water into the jar at home
Pulling up and down the origin of the space
You are Jeju's woman, beautiful and sacred

The statue of a woman with a *mulheobeogk* on the back spilling water into the jar over her shoulder
Looks down to the world
Like the mermaid statue on the Lorelei Hill
In the villages, the oreums, hotlels, Olle trails and Cheonggyecheon Stream in Seoul
Giving the evidence of the history of Jejuin's life…

※ Jeju's *mulheobeok* is pottery container to carry water from the fountain to the jar at home before the runny water was developed in Jeju. It was put in the *mulgudeog*, a container made of bamboo to be loaded on a person's back, and laid on *mulpang*, a flat stone at the entrance to the kitchen when not being used.

빨간 우체통

올레길 바닷가에 빨간 우체통
누구에게 편지를 쓸까?
존경하는 선배 형
나의 베아뜨리체
부모님전상서

이만치 살아 온 여정에서
사랑하는 제자에게
늘 미안하기만 한 아내에게
멀리 계신 사돈 어르신
사제님께 바치는 고해의 글

밤하늘 별 세듯 빛바랜 양면괘지를 넘기며
퇴색된 그리움과 사랑을 잊지 못하고
마음 속 우체통을 비울 수 있을까…

A Red Postbox

Seeing a red mailbox on the Olle trail at the seashore
To whom should I write a letter?
To my respectable senior or brother
To my *Beatrice*
Dear my parents

At this point of my life's journey
Dear my beloved pupil
Dear my wife, to whom I'm always sorry
To the parents of my child-in-law's far away
Letter of confession to the priest

Turning the pages of ruled paper like counting stars in the sky
Without forgetting the discolored yearning and love
How can I empty the mailbox in my heart…

그리움

돌아보면 늘 그 자리 멈추어 서는 사랑처럼
햇살만 좋은 날인데 찰랑거리는 그리움으로 마음을 흔든다

기억이 머문 저편에서 아련해지는 풍경처럼
고스란히 향기로 남아 꼬리를 물던 상념들
마음으로 쏟아진다

가끔 파랗게 돋아나는 선명한 그리움
아, 그 많은 시간을 그리워하듯
가장 행복했던 날
뜨겁던 고백 아득히 그립다

Yearning

Like the love stopping in place when looking back
Sloshing yearning sways my mind in such a shiny day

Like the landscape getting faint as the memory stops there
Thoughts tailing back remaining as perfume intactly
Spill onto my mind

Clear Yearning sprouting green sometimes
Oh, the happiest day as missing long period in the past
I yearn the confession that was hot from afar

커밍아웃

작은 문제 생겨 쩔쩔 맬 때에
다가 와 풀어주는 그 사람

슬픔에 젖어 울음 울 때
다가와 손수건 건네주며 곁에 있어주었던 그 사람
바닷속 어른거리는 해초 물고기를
그윽이 바라보던 감성 깊은 그 사람

그 사람 생각나 문득 전화 걸면
"내가 먼저 걸려고 했었는데…." 하는 그 사람

고달픈 물질을 끝내고 불턱에 모이면
나, 그 사람이 그립고 그리워서 견딜 수 없어요.
바다 속에서 소라 캐듯이, 꼭 붙잡고 싶어요.
내 설운 몸을 따스하게 데워주세요.

Coming Out

When I was at a loss with a trifle problem
He gave me the solution in his own presence

When I was crying with deep sorrow
The persin who approached and stood by me handing me a handkerchief
The person of sensibility who was quietly staring at the seaweed and fish wandering about in the sea

When I make a call remembering the person all of sudden
He answers, "I would have called you first ..."

When we get together by *Bulteok,* the fire place, after the weary work
I miss him in and out of season. It's too hard to handle
I'd like to hold him just as catching a conch in the sea
Would you warm me up, my sorrowful body, please.

어항환영(魚缸幻影)

우리 교실, 5-1반
교탁 위 '금붕어 어항'을 데생하며
자세히 살펴본 금붕어

어항 속 금붕어, 연인 사일까?
서로 마주 보고, 좇아가고 쫓기고
사랑의 유영을…

얘들은 캄캄한 밤을 어떻게 보낼까
우릴 기다리며 눈이 튀어나왔나?

여름방학 끝나고 교실로 돌아와 보니
금붕어는 죽어서 물 위에 둥둥
친구들은 울고 울어 눈이 퉁퉁 부었었지
금붕어 눈 마냥
소년기의 감상 한 도막

Fishbowl Illusion

In my classroom for 5th grade No. 1
Drawing a goldfish bowl on the lecture desk
The fish, I scoped

Are they lovers, the goldfish in the bowl?
Facing each other, chasing and being chassed
Swimming in love

How do they spend dark nights
Do they have eyes jutted waiting for us?
When we got back to the classroom after summer vacation
We saw the goldfish dead floating on the water
Friends cried and cried to be eye-jutted
Like the goldfish

고양이

망사리 무게에 눌려
지친 몸 이끌며 뭍으로 오르는데
검은 바위에 널린 생선 물고
날쌔게 사라지는 고양이

삶의 무게가 힘겨워하는데
고양이 울음소리에 손주 얼굴 떠올라

놀란 나는
망사리도 내던지고
황급히 모래톱을 달려 나갔다.

Cat

Pressed by the heavy basket of a catch
Coming upon the shore pulling the weary body
Saw a cat disappearing quickly
Biting one of drying fish on the black rock

Oppressed by the weight of life
Recalling grandson's face at the cat's wailing

I, being surprised
Threw even the basket of a catch
Ran through the sandy plain hurriedly

우도 등대

시린 바다 거센 물살의 우도 바다
쇠머리오름 꼭대기에 하얀색 등간(燈竿) 메달아
뱃길 밝히는 외로운 등대불이
마라도, 호미곶, 오륙도에
하나, 둘, 셋 퍼져 나가고
검멀레 해안 바위 아래 동안경굴 속으로 들어가면
전설 속 고래가 숨 쉬던 물보라 맞으며
신비의 동굴에서
제주민요, 오페라 울려 퍼지게 하라

세계인이 찾는 제주 올레길
이집트 파로스(Pharos)등대를 지나며
영국의 롱스톤, 미국의 킹스톤
독일 브레머헤븐, 프랑스 코르투앙
러시아의 크라스늬 빠르티잔
중국의 마호타 파고다
일본의 타테이시사키로 순례하며

이제 다시 백년을 새롭게 준비하는
해양문명의 아카이브, 우도등대는
영겁의 바다에 우뚝 서서
빛 가운데로 사람들을 인도할지니

※ 동안경굴(東岸鯨窟) 제주특별자치도 제주시 우도면 조일리에 있는 해식 동굴. 밀물 때는 물속에 잠겨 있다가 썰물 때만 모습을 드러내는 '굴속에 굴'이 있는 이중 동굴. 입구는 좁아도 안으로 들어갈수록 너럭바위가 넓게 펼쳐져 또 다른 세계를 드러낸다. 〔출처〕 향토문화전자대전

Udo Lighthouse

Facing the dazzling sea, the sea off Udo with fierce current
Hanging a white lamp at the top of Ox-head Oreum
The lone lighthouse brightening the seaways
To Marado, Homigot, Oryukdo
Spreads shine out there counting one, two, three
Within *Dongangyeonggul* Cave beneath the rock in *Geommeole* Beach

Get the spray of water exhaled from the legendary whale
In the cave of mystery
Let the Jeju folk songs, the opera resonate widely

Jeju Olle trail, the great attraction for global tourists
Passing the Pharos Lighthouse in Egypt
Pilgrimizing Longston in Egland, Kingston in America
Bremaheaven in Germany, Cortent in France
Crasni Partisan in Russia
Mahota Pagoda in China
Tateisisakiro in Japan

Preparing another new hundred years of Udo
Udo Lighthouse, an archive of marine civilization
Standing out on the ocean of eternity
May you lead the people to the center of the light

※ Dongangyeonggul: The cave located at Joil-ri, Udo-myeon, Jeju-si, Jeju-do. The cave within another, sinks in the water at high tide and appears out of surface at low tinde. Compared with the narrow entrance, the inside gets wider and shows a different aspect with a broad and flat rock in it. (Hanguk Folk Culture Electronic Encyclopedia)

저항하는 해녀들

엄마, 할머니 해녀들
추운 날, 더운 날, 비가 오는 날에도
가족 생명줄 등에 지고
새벽에 물질 나가 저녁이면 돌아왔었지

정든 고향 떠나 물결 높고 낯 설은 바다 너머
경상도, 전라도, 충청도, 강원도, 대마도로 출륙했었지

배움 없는 우리해녀 가는 곳마다
일본인 제주도사는
해녀들의 피와 땀 착취해 갔다.

아, 분하고 억울하도다.
권세 없고 힘없는 우리 해녀 어디로 갈까?
제주해녀항일운동 기념탑 앞에서
추모의 눈물
눈물이 짜다.
바닷물보다 더 짜다.

※ 제주도사(濟州島司): 1915년 조선총독부에 의해 제주도제(濟州島制)가 실시되면서 임명된 제주도의 실질적 최고 통치권자. 1945년 마지막 10대 도사 모두 일본인이 임명되었으며, 특히 어업조합·목장조합의 수장을 겸해 수산물과 축산물의 일본 반출에 혈안이 되었다 〔출처〕 한국학중앙연구원 - 향토문화전자대전

Resisting Haenyeos

Mom Haenyeos, Granny Haenyeos
Even on cold days, hot days, and rainy days
With the family's lifeline on their back
Went out to wok at dawn and came back home in the evening

Left the beloved home to the mainland over the sea, new to them and of high waves
To Gyeonsang-do, Jeolla-do, Chungcheong-do, Gangwon-do, even to Daema-do in Japan

Wherever they go, Japanese governor exploited
The women divers low in learning
The blood and sweat of woman divers

Oh, how furious and angry they were
Where should they have gone, the women divers without strength nor power?
In front of the monument of Jeju Haenyeo's Anti-Japanese Movement
The tears of commemoration, the tears are so salty
Saltier than the sea water

※ Jeju Governor: The actual supreme ruler in Jeju district appointed by Japanese Government-General of Korea when Jeju's independent administrative system is enforced in 1915. 10 governors were all Japanese until 1945. The governors held the head positions in the unions of fishermen's and ranches, and tried everything to take the marine and livestock products to Japan from this island.(Hanguk Folk Culture Electronic Encyclopedia)

비빔국수의 환상

사랑하는 사람아 성큼 내미는
국수 한 사발, 맑은 영혼으로 마시게나

세발낙지 오징어 쇠고기는 순교자
보라 노랑 초록의 자연은 초간장에 녹초가 되어
참기름 흐르는 면발이 살갑게
그대 입술 속으로 침입
혓바닥을 말아 목구멍으로 곤두박질치면
공허한 세월 속에
단조롭게 열리는 지구촌의 일상

긴 밤이 지나고
다시 세발낙지가
그대 육신에서 쏘옥 미끄러져 탈출하면
상념의 실타래가 시원하게 배설 되는구려

Fantasy of Spicy Noodles

Oh, my sweetheart, have a bowl of noodles
Handed over to you, with a crystal spirit

The sacrifices of slim-legged octopuses, squids, and beef
The nature of purple, yellow, green seasoned into vinegar soy sauce
The noodle strips tendered with sesame oil

Invaded the body through your lips
Plunged into the throat by rolling the tongue
Along the empty time
Daily life of global village, opening simply

After a long night
When the slim-legged octopus again
Escapes from your body through your bottom
Bunches of thought are evacuated cool then

제3부 표준어 제주어 역시 멍텅구리

멍텅구리

옛날 어른들 얼마나 답답했으면
"멍청한 고등어나 소는 잡아서 먹을 수 있지만
멍청한 사람은 어디에도 쓸모가 없네."

옛 말 틀린 게 없어요
"멍청한 돌은 담이나 쌓고
멍청한 나무는 불이나 때는데
멍청이는 아무데도 쓸모 없어
쯧쯧쯧…."

(제주어 역)

멍텅구리

옛날 어른덜 얼메나 답답헤시민
“멍청ᄒᆞᆫ 고등에나 쉔 잡아나 먹어지주마는
멍청ᄒᆞᆫ 사름은 어디도 쓰멍에가 읏저.”

옛말 뜰린 게 읏어
“멍청ᄒᆞᆫ 돌은 담이나 답곡
멍청ᄒᆞᆫ 낭은 불이나 ᄉᆞᆷ는디
멍청인 아무디도 쓰멍에가 읏어
쯧쯧쯧….”

제주 동부두, 그 옛날에

그랬었지, 그때 그 시절
제주 사람들, 섬 떠나 육지로 나갈 때에는
동부두에 서서 떠나가는 배 바라보며
손 흔들고, 손수건 적시고, 눈물 훔치며 멀어져야 했었지
임 실은 배가 수평선 너머로 사라질 때까지
연락선 고동 소리 잦아질 때까지
"잘 있어요", "잘 가세요" 하얀 손수건 나부끼던 제주 동부두
'황영호', '가야호', '제주호' 그때 그 시절

'마도로스 박' 노래 항구 가득 흐르고
부두 식당에서 순대국밥, 미끈한 우동 면발
'한일' 소주, '명월' 소주 홀짝홀짝 서로 권하며
우리는 석별의 정을 아쉬워했지

친구, 애인, 친지를 보내놓고
남은 사람들끼리 술, 눈물, 노래에 젖어
비틀거리며 돌아오는 길
조각달은 바닷속에서 일렁이고
별빛은 파도에 부서졌었지
언제였더라, 그때 그 시절

(제주어 역)

제주 동부두, 그 엿날에

경 헤낫주, 그때 그 시절
제주 사름덜, 섬 떠낭 육지로 나갈 적인
동부두에 상 떠나가는 배 붸리멍
손 흥글곡, 손수건 ᄌᆞᆨ지곡, 눈물 ᄌᆞᆨ지멍 멀어져사 헷주
임 시끈 배가 수평선 넘엉 읏어질 때ᄁᆞ장
연락선 고동소리 ᄌᆞᆾ아불 때ᄁᆞ장
"잘 이십서", "잘 갑서" 힌 손수건 흥글단 제주 동부두
'황영호', '가야호', '제주호' 그때 그 시절

'마도로스 박' 놀레 항구 ᄀᆞ득 흘르곡
부두 식당서 수웨 국밥, 미끈ᄒᆞᆫ 우동 멘발
'한일' 소주, '명월' 소주 호록호록 서로 권ᄒᆞ멍
우린 석별의 정을 아쉬완 헤낫주

벗, 애인, 궨당을 보네불어뒨
남은 사름덜찌레 술, 눈물, 놀레에 젖언
흥창거리멍 돌아오는 질
작지는 바당 소곱서 흥글작흥글작
벨빗은 파도에 ᄇᆞ사저낫주
어는제라라마는, 그때 그 시절

서귀포 솔동산 판타지

여보시오, 당신은 저 푸른 초원 보셨나요?
여보시오, 폭포수 떨어지는 바다 보셨나요?
이중섭 미술관 만나 보셨나요?

유채, 벚꽃, 감귤, 억새, 동백꽃, 철따라 손짓하고
조랑말 평화롭게 노니는 초원, 오름,
흰 구름 머무는
한라 백록담 물 흐르고 흘러 폭포수로 하강
태평양으로 도도히 흘러 미지의 세계로 나아가고

솔동산 모퉁이 아담한 미술관 눈에 띄어
마사코 부인이, 이 화백에 보낸 선물
엄청 큰 팔레트를 보며 마음 짠 하셨는지?

일제 때 그렸던 '흰 소' 시절 지나고
바다, 물고기, 게, 새와 닭, 아이들이 파노라마처럼 펼쳐지고
평화의 섬에서 '과수원 가족과 아이들'
포근한 사랑을 그리워했던 예술가의 혼

아, 그리하여 바다로 달리는 자전거 타고
수평선 너머로 사라져 갔구나
'길 떠나는 가족', '돌아오지 않는 강'이 되어
아직, 못 부친 편지는 새연교 우체통에 누워 있는데
우리네 가슴에 한없이 밀려오는 그리움을
게의 횡보로 어느 세월에 배달하려는고?

(제주어 역)

서귀포 솔동산 판타지

양 -, 이녁은 저 푸린 풀밧 봅디가?
양 -, 폭포수 털어지는 바당 봅디가?
이중섭 미술관 강 봐 봅디가?

유채, 사오기, 감귤, 어욱, 돔박꼿, 철ᄄᆞ랑 손짓ᄒᆞ고
조랑ᄆᆞᆯ 평화롭게 노니는 초원, 오름,
흰 구름 머무는
할라 백록담 물 흘르고 흘렁 폭포수로 하강
대핑양더레 도도히 흘렁 미지의 세계로 ᄃᆞᆮ곡

솔동산 모통이 아담ᄒᆞᆫ 미술관 눈에 띄언
마사코 부인이, 이 화백에 보낸 선물
어마넝창 큰 팔레틀 보멍 ᄆᆞ음 짠 헤신지?

일제 때 기렷단 '흰 소' 시절 지나곡
바당, 물궤기, 깅이, 생이광 ᄃᆞᆨ, 아이덜이 파노라마추룩 펠쳐지곡
평화의 섬이서 '과수원 식솔광 아이덜'
포근한 ᄉᆞ랑을 그리왕헤난 예술가의 혼

아, 경ᄒᆞ연 바당으로 둘리는 ᄌᆞ전게 탄
수평선 넘언 으서져부렀구나
'질 떠나는 식솔', '안 돌아오는 강'이 뒈언
안직, 못 부찐 펀진 새연교 우체통에 눤 이신디
우리네 가심에 ᄒᆞᆫ 웃이 밀려오는 보구정ᄒᆞᆫ ᄆᆞ음
깅이 욮걸음으로 어느 세월에 배달ᄒᆞ젠 헴신고?

외돌개

태초 하늘 문 열리고 땅이 꺼져 물길 터졌어라
한라 화구호에서 불덩어리 솟구쳐 올라
바다에 떨어지니 물길 따라 흐르고 흐르다
마그마 굳어 멈춘 자리에 꿈꾸는 섬, 보물섬, 평화의 섬이 되었다고

섬 여자 갯가에서 조개, 게, 보말 잡으며
바다로 나가 미역, 문어, 소라, 전복 따고
고기잡이 나간 남편 맞으며
해와 달이, 수천 번 흘러갔지

폭풍우 치던 날 밤
악몽에 시달려 갯가로 나간 여인
그대로 망부석이 되어 수천 년 바다를 지켜보고 있네.

폭풍우 눈보라도 비껴가는 망망대해
파도 포말만이 쉼 없이 발 무릎 간지럽히는데
화석 여인은 그 자리 그렇게 변함없이

(제주어 역)

외돌개

태초 하늘 문 ᄋᆞᆯ리곡 땅이 꺼젼 물질 터졋더라
한라 화구호에서 불덩어리 솟구쳔 올란
바당에 털어지난 물질 ᄄᆞ란 흘르고 흘르단
마그마 굳언 멈춘 자리에 꿈꾸는 섬, 보물섬, 평화의 섬이 뒈엇젠

섬 여ᄌᆞ 갯ᄀᆞᆺ디서 조개, 깅이, 보말 잡으멍
바당드레 나강 메역, 뭉게, 구젱기, 점복 타곡
궤기 잡으레 나간 서방 돌아 완
해광 ᄄᆞᆯ이, 수천 번 흘러갓주

폭풍우 치단 날 밤
악몽에 못ᄌᆞᆫ던 갯ᄀᆞᆺ디로 나간 여인
그대로 망부석이 뒈언 수천 년 바당을 지켜보멍 이신게.

폭풍우 눈보라도 비껴가는 망망대해
절 거꿈만 쉼 웃이 발 독ᄆᆞ릅 ᄌᆞ골루는디
화석 여인은 그 자리 그추룩 벤함웃이

물의 은총

영겁의 세월을 윤회하는 바다여
당신은 오늘도 떠오르는 태양을 내 보내고
지는 태양 품어 식혀주며
달려가고 물러나면서 하루의 흔적을 지우는구나.
파랑이 밀려오고 밀려가는 세월 속에
유배된 섬, 신선들이 노니는 물가, 영주(瀛州)

백록담 큰물은 기생화산 계곡 따라 바다로 흘러가고
풀숲에 걸린 여린 물은 땅속으로 스며들어
해안가 용천수로 분출하는 지구의 순환이여

제주 사람들 가슴엔
물허벅 진 어머님 초상이 있다
물허벅 진 여인, 석상으로 남아
돌 항아리에 물이 넘치는데
튀어 오르는 물방울
햇살에 진주 되어 흩어지며 쌍무지개 드는구나.

(제주어 역)

물의 은총

영겁에 세월을 윤회ᄒᆞ는 바당이여
이녁은 오널도 떠올르는 태양을 내 보네곡
지는 태양 쿰엉 식여주멍
ᄃᆞᆯ려가고 물러나멍 ᄒᆞ루 페적을 지왐고나.
파랑이 밀려오곡 밀려가는 세월 소곱에
유배뒌 섬, 신선덜이 노는 물ᄀᆞ, 영주(瀛州)

백록담 큰물은 기생화산 계곡 ᄄᆞ랑 바당으로 흘러가곡
풀숩에 걸린 여린 물은 땅소곱으로 스며들엉
갯ᄀᆞᆽ 용천수로 분출ᄒᆞ는 지구의 순환이여

제주 사름덜 가심엔
물허벅 진 어마님 초상이 잇저
물허벅 진 여인, 석상으로 남안
돌 항에 물이 넘는디
퀴어 올르는 물방울
헷살에 준지 뒈언 흩어지멍 쌍고지 들엄고나.

우리 엄만, 해녀야

미술 시간 엄마 얼굴 그리라 해서
난 고무 옷 입고 수경 쓴 엄마 얼굴 그렸어요.
고무 옷은 까만 크레파스로 색칠했고요
태왁, 망사리, 물안경, 빗창, 늠름한 자태

발표 시간에
난, 엄마 자랑을 열심히 하고는
박수갈채 받았었지

그렇지만 친구들 그리고 선생님
그거 알아요?
울 엄마, 우릴 위해 날마다
비가 오나 눈이 오나
바닷속 저승길 오락가락하는 거
기다리는 내 마음 숯 껌정이 되는 거

(제주어 역)

우리 어멍은, 해녀여

미술 시간 어멍 ᄂᆞᆾ을 기리렌 ᄒᆞ난
난 고무 옷 입곡 큰눈 쓴 어멍 ᄂᆞᆾ을 기렷수다.
고무 옷은 꺼멍ᄒᆞᆫ 크레파스로 색칠ᄒᆞ고양
태왁, 망사리, 큰눈, 빗창, 늠름한 자태

발표 시간에
난, 어멍 자랑을 열심이 ᄒᆞ여븐
박수갈채 받아나십주

경ᄒᆞ주마는 벗덜 경ᄒᆞ고 선싱님
그거 알암수과?
우리 어멍, 우리 따문 맨날
비가 오나 눈이 오나
바당 소곱 저승질 오멍가멍 ᄒᆞ는 거
지들리는 나 ᄆᆞ음 숫검뎅이 되는 거

해녀 삼촌

봄 아지랑이 피어오르고
할미꽃, 민들레 피어 손짓하고
집집마다 복사꽃망울 터지는 소리
순이는 엄마 따라 쑥을 캐고는
쑥 부침개 부쳐 먹는 나른한 오후

한림 성당 너머 푸른 바다에는
해녀 삼촌들이 떼 지어 물질하는데

와! 이렇게 추운 날
바닷물에 어떻게 들어갈 수 있을까?
유년시절 아련한 고향의 기억
꽃샘추위에 벚꽃들이 흩날리던 그때, 그 시절.

(제주어 역)

해녀 삼춘

봄 벳ᄀᆞ렝이 피어올르곡
하르비고장, 민들레 피엉 손짓ᄒᆞ곡
집집마다 복숭개고장 몽우리 터지는 소리
순인 어멍 ᄄᆞ란 속을 ᄐᆞ다단
속 지짐이 부쪙 먹는 ᄂᆞ른ᄒᆞᆫ 낮후제

한림 성당 넘언 푸린 바당엔
해녀 삼춘덜이 수룩짓언 물질ᄒᆞ는디

와! 요영 언 날
바당물에 어떵 들어가지크?
유년시절 아련ᄒᆞᆫ 고향에 기억
꽃샘추위에 사오기고장 흣날리단 그때, 그 시절.

해녀 스토리

옛날 옛적 탐라국에 갑순이와 을돌이가 살았어요.
둘이는 국민학교 운동장에서 미끄럼틀, 늑목 타면서
서로, 상대를 좇고 쫓으면서 술래잡기 했었지요

사춘기를 보내면서 둘이 눈이 맞았나 봐요
봄, 가을이 몇 번 지나, 어느 해 겨울, 눈 내리는 날
동네사람들 축복 받으며 공회당에서 혼례식 올렸어요.
돌담 너머 음식이, 술잔이, 넘나들며 소문나게 잔치 벌렸지요
을돌 신랑은 친구들 주는 술에 떡이 되었지요.
그래도 재주 많은 갑순이는 두꺼비 아들 낳았어요.

이제, 신랑이 신부 대신 물질 나가 전복 소라 많이많이 따오고
아내 몸보신 해주고 아들도 무럭무럭 자라났어요.
을돌이, 해남이 된 거에요.

그리곤 이듬 해 동짓달 기나긴 밤에 둘째 딸 낳았어요.
세월은 말없이 흐르고 갑순이는 회임, 출산을 여러 번
나중에는 3남 2녀를 낳고...
을돌이 갑순이 해남 해녀 부부는 쉴 새 없이 물질, 밭일 하며
아들, 손자 키우고 부모님 모시며 알뜰살뜰 살아갔어요.

간 날 간 적 제주 섬에, 세월은 흐르고 흘러
조부모님께서는 세상 떠났지만
제삿날에는 하늘나라에서 강림하신다고 했어요
아들 삼헌관, 손자녀들이 올리는 제주 흠향하시고
조상의 음덕 기리며 오래 오래 평화롭게 살아가고 있답니다.

(제주어 역)

해녀 스토리

옛날 옛날 탐라국에 갑순이광 을돌이가 살앗수다.
둘인 국민혹교 운동장이서 미끄럼틀, 능목 타멍
서로, 상댈 좇이곡 좇이멍 곱음제기 헷수다.

사춘길 보내멍 둘이 눈이 맞인거 닮아마씸
봄, ᄀᆞ슬이 멧 번 지난, 어느 해 저슬, 눈 ᄂᆞ리는 날
ᄆᆞ을사름덜 축하 받으멍 공회당이서 혼례식 올렷수다.
돌담 넘엉 음식이, 술잔이, ᄃᆞ나들멍 소문나게 잔치 벌려십주
을돌이 새스방은 벗덜 주는 술에 떡이 뒈어십주
경헤도 재주가 한 갑순인 두테비 아덜 낫수다.

이제, 새스방이 새각시 대력 물질 나강 점복 구젱기 하영하영 타오곡
각시 몸보신 헤주곡 아덜도 무럭무럭 자라낫수다.
을돌이, 해남이 된 겁주.

경ᄒᆞ영 뒷헤 동짓ᄃᆞᆯ 질고 진 밤이 두번차 ᄄᆞᆯ 낫수다.
세월은 말웃이 흘르곡 갑순인 회임, 출산을 ᄋᆢ라 번
나중에는 아덜 싯에 ᄄᆞᆯ 둘을 나곡…
을돌이 갑순이 해남 해녀 두갓은 쉴 새 웃이 물질, 밧일 ᄒᆞ멍
아덜, 손지 키우곡 부모님 모시언 알뜰살뜰 살아갓수다.

간 날 간 적 제주 섬에, 세월은 흘르고 흘런
조부모님은 세상 떠낫주마는
식겟날은 하늘나라서 강림ᄒᆞᆫ덴 ᄒᆞᆸ디다
아덜 삼헌관, 손ᄌᆞ녀덜이 올리는 제주 흠향ᄒᆞ시고
조상의 음덕 기리멍 오래 오래 평화롭게 살아감수다.

비상하는 독도

대한민국 영토, 동쪽 끄트머리
수평선 너머 떠오르는 첫 햇살 맞으며
가재바위, 코끼리, 물개, 촛대, 삼형제, 독립문바위
독도, 억겁의 세월 우뚝 솟아 동해를 수호하도다.

하늘에서 내려다보는 신은, 독도가 처량해 보여
꽃 피우고, 새 날려 노래하게 하고, 물고기 수초 사이로 유영하게 했지
무궁화 꽃, 패랭이꽃, 들국화, 억새 손짓하고
괭이갈매기 바다제비 둥지 품는 평화의 섬, 독도
너는 고독 속에서도 신비스런 자연을 연출해내는 구나

다이아몬드처럼 빛나는 독도여, 너를 불러보면
'슬라브 여인의 작별'처럼 알 수 없는 슬픔 묻어 나와
그 슬픔 너머로 희망의 노래 들려온다.
사랑의 둥지 트는 갈매기들 희열의 소리
어부들 명태, 오징어잡이 뱃노래 퍼져
만선 깃발 나부끼며 돌아올 때
괭이갈매기, 어부들에 똥 폭탄 세례
언덕 위에선, 억새꽃 쑥부쟁이 손짓하며 반겨주었지

(제주어 역)

비상ᄒᆞ는 독도

대한민국 영토, 동쪽 끗뎅이
수평선 넘어 터올르는 쳇 햇살 맞이멍
가재바위, 코끼리, 물개, 촛대, 삼형제, 독립문바위
독도, 억겁의 세월 거들락 솟안 동해를 수호ᄒᆞ도다.

하늘서 ᄂᆞ려다보는 신은, 독도가 처량해 붸연
꼿 피우곡, 생이 ᄂᆞᆯ령 놀레ᄒᆞ게 ᄒᆞ곡, 물궤기 수초 ᄉᆞ이로 유영ᄒᆞ게 헷주
무궁화꼿, 페렝이꼿, 드릇국화, 어욱 손짓ᄒᆞ고
ᄀᆞᆯ메기 바당제비 둥지 품는 평화의 섬, 독도
넌 고독 소곱서도 신비스런 ᄌᆞ연을 연출헤네염고나

다이아몬드추룩 빗나는 독도여, 널 불러보민
'슬라브 여인의 작별'추룩 알 수 읏인 슬픔 묻어 나왕
그 슬픔 넘어로 희망의 놀레 들려왐저.
ᄉᆞ랑의 둥지 트는 ᄀᆞᆯ메기덜 희열에 소리
어부덜 명태, 오징어잡이 뱃노래 퍼져
만선 깃발 나부끼멍 돌아올 때
괭이갈매기, 보제기덜신디 똥 폭탄 세례
엉덕 우이선, 어욱꼿 드릇국화 손짓ᄒᆞ멍 반겨주엇주.

물레방아

맑은 물 넉넉하게 쏟아져
물레방아 기운차게 돌아가누나.

마치 내 몸 바닷물에 젖어
허공 차며 자맥질 들어가
바다 속 보물 숨 가쁘게 캐듯이

세차게 돌아가는 물레방아는
나에게 힘 찬 에너지를 돌려주누나.
나, 이제 머리카락 휘날리며 물질 나가야지
파도치는 해원(海原)으로

(제주어 역)

물레방아

ᄆᆞᆰ은 물 넉넉이 ᄉᆞᆮ아젼
물방에 기운차게 돌아감고나.

마치 나 몸 바당물에 젖언
허천 차멍 물에 들엉
바당 소곱 보물 숨 ᄇᆞ뜨게 캐듯이

세차게 돌아가는 물방엔
나신디 심 찬 에너질 돌려줨고나.
나, 이제 머리꺼럭 ᄂᆞᆯ리멍 물질 나가사주
절치는 바당밧드레

아기해녀

갯가에서 엄마 기다리던 섬 아기
미역 한 아름, 소라, 성게 예닐곱 잡고 기세 등등

가득 찬 망사리 무겁게 지고 나온 엄마
"아이고 얘야, 겨우 이것 잡았구나?"

엄마 나무람에
울고 또 울어 눈물이 바닷물 되었다네.

(제주어 역)

애기 해녀

갯ᄀᆞᆺ디서 어멍 지드리단 섬 애기
메역 ᄒᆞᆫ 아름, 구젱기, 구살 예닐곱 잡고 기세 등등

ᄀᆞ득 찬 망사리 배게 젼 나온 어멍
“아이고 야이야, 제우 이거 잡아시냐?”

어멍 내무리는 말에
울고 또 울언 눈물이 바당물 퉤엇젠.

밥상머리

물질 나간 엄마
전복, 소라, 문어 미역, 파래, 모자반
망사리 가득 채우고 나올 즈음

아빠, 아들은 마중 나가 망사리를 끌고 온다네.
공판장에 넘기고, 나머지는 식탁에 올라
식구들 건강을 키워주었지

"여보, 고마워.
당신 덕분에 우리 너무 행복했어."

"엄마 고마워
우린, 열심히 공부해서 훌륭한 사람 될래요."
웃음꽃 피는 해녀 가족 밥상머리

(제주어 역)

밥상머리

물질 나간 어멍
점복, 구젱기, 뭉게, 메역, ᄑᆞ레, ᄆᆞᆷ
망사리 ᄀᆞ득 채완 나올 즈음

아방, 아덜은 마중강 망사리를 끗엉 옵니다.
공판장에 넹기곡, 남은 건 밥상에 올랑
식구덜 건강을 키와줫주

"이녁, 고마와.
 이녁 덕분에·우리 님이 행복헴서."

"어머니 고맙수다
우린, 열심이 공부헹 훌륭ᄒᆞᆫ 사름 뒈쿠다."
웃음꼿 피는 해녀 가족 밥상머리

엄마, 우리의 멘토

가득 찬 망사리를 아들에 맡겨두고
엄마는 물허벅 지고 우물로 가서 물을 길어온다
다시 텃밭에 가서 무 배추 당근을 가꾼다.

우리 엄마, 상군 해녀는
바다에서 뭍에서도 일을 하신다.

나는 엄마 노고에 보답하기 위해
열심히 공부했었지
그리하여 스카이 대학 입학하고
드디어 사법시험 합격하고 법조인이 되었어요.

청소년기에
해녀 엄마의 고달픈 삶의 자극이 없었다면
나는 어떻게 되었을까?
엄마 덕분에 약해지는 마음 다 잡고 열정을 불태웠지
엄마는 영원한 우리의 멘토

(제주어 역)

엄마, 우리에 멘토

ᄀᆞ득 찬 망사릴 아덜신디 메껴뒨
어멍은 물허벅 졍 우물에 강 물을 질어온다
다시 우영팟디 강 ᄂᆞᆷ삐 베치 당근을 ᄀᆞ꾼다.

우리 어멍, 상군 해녀
바당서도 뭍이서도 일을 ᄒᆞᆫ다.

난 어멍 고생 보답ᄒᆞ젠
열심이 공부헷주
경ᄒᆞ연 스카이 대ᄒᆞᆨ 입학ᄒᆞ고
드디어 사법시험 합격ᄒᆞ고 법조인이 뒈엇수다.

청소년기에
해녀 어멍 고단ᄒᆞᆫ 삶에 자극이 읏어시민
난 어떵 뒈어실 건고?
어멍 덕분에 약헤지는 ᄆᆞ음 ᄆᆞ르ᇢ안 열정을 불케왓주.
어멍은 영원ᄒᆞᆫ 우리에 멘토

사랑의 물질

해녀의 사랑은
처음에는 시냇물로 우리 가슴에 스며들고
이들이 모이고 모여 강물 되어 우리 지역 감돌아 흐르고

종국에는 바다로 한데 모아져 지구촌을 유랑하며 흘러가누나.
그 끝을 모르는 제주 해녀, 사랑의 물질
'너의 시작은 미미하나 그 끝은 창대하리라'

(제주어 역)

ᄉᆞ랑의 물질

해녀에 ᄉᆞ랑은
체얌엔 시냇물로 우리 가심에 스며들곡
이것덜이 모돠지고 모돠졍 강물 뒈엉 우리 감장돌멍 흘르곡

종국엔 바당으로 ᄒᆞᆫ디 모돠졍 지구촌을 유랑ᄒᆞ멍 흘러감고나.
그 끗을 몰르는 제주 해녀, ᄉᆞ랑의 물질
'느 초담은 미미ᄒᆞ주만 그 끗은 창대ᄒᆞᆯ 거여.'

산호초 해녀

대지 속으로 스며든 빗물
축적된 힘으로 하늘로 솟구치고는
산으로 계곡으로, 낮은 데로 임하다가
한데 어우르는 바다 바다여

천상의 천사가 끝 모를 바다 바닥에
신비스런 용궁을 창조하셨네.
해녀는 산호초 따라 용궁에 들르곤
신비의 보물을 캐며
세세대대로 행복하게 살고 있답니다.

(제주어 역)

산호초 해녀

대지 소곱으로 스며든 빗물
눌어논 심으로 하늘로 솟안게
산으로 내창으로, ᄂᆞᆽ은 디로 와보단
ᄒᆞᆫ디 어울이는 바당 바당아

하늘 우이 천ᄉᆞ가 끗 몰를 바당 바닥에
신비ᄒᆞᆫ 용궁을 창조ᄒᆞ엿저.
해녀는 산호초 ᄄᆞ라 용궁에 들련게마는
신비에 보물을 캐멍
세세대대로 행복ᄒᆞ게 살암젠 헴수다.

제4부 막걸리

막걸리

비구름 뚫고 내리는 빗방울, 잎파랑치에 슬라이딩
한라산 숲 굽이굽이 돌아 지심(地心)으로
검은 돌구멍 넘나들고 붉은 스코리아 투과하는 고운 물
곶자왈 흘러 태평양 심해로 모여들다가
마을 포구에서 분수처럼 솟아오른 신비의 삼다수
쌀밥, 누룩, 삼위일체 숙성되어, 신비의 술 빚었으니

제주도 어촌계 포구 불턱에서
한반도 너른 들판, 두레 깃발 아래
일본 신주쿠 우동집에서
중국 소림사 도장에서
아프리카 원시림에서도

질그릇에 모유 같은 희뿌연 막걸리
'고시레' 하고 한 사발 목 넘겨
오! 살맛나는 이 세상
백약지장(百藥之長) 막걸리, 중용의 도로 마셔
제주 해녀, 세계 인류 장수하고 태평성세 누릴지니

밤바다의 고독

어렸을 적 불렀던 노래
“해는 져서 어두운데 찾아오는 사람 없어….”
사람 사는 데 벗이 없다면 얼마나 울적할까?

“저 별은 당신 꺼” 하면
“이 별은 나 꺼”

“달이 밝구나”
“아이고 정말 밝네요” 장단 맞춰 주는 벗이 있어야

앓아누워 있을 때
“당신, 많이 아프고 힘들지?” 말하면
“아니 나 이제 일어날 거”

노래 끄트머리
“이 일 저 일만 생각하니 외롭기 한이 없다.”
사람 사는 데 벗이 없다면 신세가 많이 처량할 거야
밤바다에서 어선을 지키는 어부들의 고독을 누가 알아주랴

바위와 문어

고요의 바다, 해초 우수수 떨어지는 가을날
바다의 카멜레온 문어 한 쌍
단단한 바위 병풍 삼고
16개의 다리가 꼬이고 꼬여 허니 문 지새웠지

이듬해 봄부터
수만 개 알, 부채질로 수중 산소 일으켜
가을날 알이 부화하면서 엄마 문어는 기가 다 하고
새끼문어는 바위 동굴을 텃밭으로 살아간다.

밤을 기다려 먹이 사냥 나가
새우, 게, 홍합, 작은 고기 잡아먹고
어려운 상대에는 먹물 뿜고
큰 고기에 부딪히면 다리 하나 내주고 야반도주

바다사자, 물개, 해달, 곰치는 무서운 적군
어부 통발에 들어가면 희생양 되니, 조심해야지
너는 어디로 쏜살같이 달아나려 하는가?
차라리 애련에 물들지 않는 단단한 바위 찾아
살갑게 기대어 연명해 나가야 옳지 않겠나?

내 마음의 독도

저 멀리 수평선 너머
지구촌이 기지개 켜는, 첫 햇살 맞으며
오천 년 한반도를 지켜온 겨레의 땅
금강석처럼 빛나는 독도여

절벽 위 둥지 괭이갈매기
엄마 사랑 머금고 알에서 나오는 소리
퍼덕이던 날개, 허공 활강하고
어부들 명태, 오징어잡이 뱃노래 퍼지면
풍성한 먹이 잔치 벌이고
하얀 수은등이 여름밤을 지새우곤
만선 깃발 휘날리며 돌아올 때엔
언덕 너머 억새꽃, 쑥부쟁이가 손짓하며 반겨주었지

차가운 밤바다, 등대 불빛 스치고 지나가면
민들레, 채송화, 패랭이꽃, 댕댕이 덩굴이
쑥쑥 올라오는 소리 들리는 듯한데
대한민국의 아이들 목 터져라 부르는 노래
'독도는 우리 땅', '100명의 위인들', '한라산도 독도도 내 조국'
그래 맞아 바로 이거야!
Dokdo is Korean territory.
It's ours! all ours.
Protect and preserve our nation's territory.

독도 파수꾼

우리는 천하무적 파수꾼, 그 누구도 우리를 넘볼 수 없지
신라 이사부 장군, 라이언 킹을 데리고 우산국 점령
울릉도 독도는 신라의 영토, 대한민국 영토의 동쪽 끝.

억겁의 세월 파도들이 부딪혀올 때
외세 침범해도 굴하지 않고
어깨동무하고 버텨 지키는 코끼리바위, 큰 가제, 해녀, 군함바위
그리하여 독립문바위로 굳건히 수호하는 역사의 진실

바위틈 거친 땅에 뿌리 내려 피는 무궁화, 채송화. 해국, 억새
괭이갈매기, 바다제비, 말똥가리, 해오라기 철새들의 날갯짓
오징어, 문어, 돌돔, 어부들 만선가 부르면 갈매기 떼 달려들었지

순박한 사람들, 자연과 함께 사는 독도의 평화
독도경비대, 등대지기, 어민들이 이사부 할아버지 정신을 계승하여
이끼 낀 바위에 새겨진 '韓國領' 자자손손 영겁의 세월 수호하리라
우리는 천하무적 파수꾼, 그 누구도 우리를 넘볼 수 없지

노스탤지어

지금도 고향에는
그리운 사람들 기다리고 있겠지

할미꽃, 민들레, 복사꽃
뒷동산 여기저기 피어나면
나물 캐는 순이
학교 가는 길, 우산 씌워줬던 이웃집 누나
가을 운동회, 우동 튀김 사주던 선배

소싯적 친구들, 만날 수 있을까?
백사장에서 연 날리던 아이들
끊어진 연줄 잡고 발을 동동 굴렀던 영희
나중에 영희는 상군해녀가 되었다지?
지금, 고향에서 3대가 한 울타리에서
잘살고 있다고 들었는데…

죽마고우 친구들아 보고 싶다.
우리, 기억으로만 남고
이대로 레테(Lethe) 강을 건너야 하는가?

야망

항구에 만국기 팔랑팔랑
수영대회 알리는 방송 울려 퍼지고
방파제 모퉁이 천막 안에는 동네사람들 모여들어 잔치잔치 벌렸네

평영 삼백 미터, 나는 6등
공책 상도 못 받아 화가 났는데
점심시간이 되고, 엄마표 도시락에는
쌀밥, 톳무침, 갈치 튀김, 문어숙회, 전복요리 풍성했지만
엄마 표정이 영 아니라서 맛나게 먹지도 못하고

번외 자유형에 나가서 그래도 3등 도착
공책 두 권 높이 들고
"엄마, 나 공책 탔어!"
"아이고 우리 아들 장하다 네가 최고다!"
엄마 품이 왜 그렇게 따뜻했던지

그 공책에 써놓은 나의 야망
'안되면 될 때까지', 해병대 간 삼촌의 말씀
지금도 내 심중에 간직하며
세상살이 힘들 때
나를 강하게 단련시켜 주는 소년 시절의 꿈

죽음 너머에

제주 4·3은 겨울과 봄 사이
탄생과 죽음 그리고 부활의 불연속선에서
정체성 혼란의 DNA를 살육하는
카오스의 시공

누가 이 어둠의 세계를 감히 평정할 수 있나?
그러기에 4·3에서는
죽은 자의 이야기가 거증의 역사가 되는 것이니
죽은 자는 말이 없다.
누가 진실을 말할 수 있겠나?

우리는
이제 사연 없이 죽은 자들을 위령하면서
그 고귀한 죽음에 보상할 수 있는
화해 상생의 미래를 열어나가자

모정(母情)

물 쏟아지는 망사리 짊어지고
지친 몸 비틀비틀 뭍으로 오르는데
물고기 낚아채고 날아가는 갈매기 날개짓에
삶의 무게가 힘겹게 느껴지는 순간
아기 울음소리 귓바퀴에 맴돌아

화들짝 놀라
망사리도 부려 버리고
모래톱 박차고 달려간다.
집으로, 집으로.

섬 아이

갯가 돌을 헤집으며 보말, 게 잡느라고
아이는 몰입해 있었다.

"쏴아 철썩~"파도가 덮쳐왔다.
"엄마, 엄마아~" 아이는 깜짝 놀라
겁나게 달려나간다.

호오이~ 살았다

제주 고씨 해녀, 큰 문어 쫓다가 숨이 다하는데
딸 혼례가 낼모렌데 내가, 내가 가야 돼
바다 박차고 힘껏 물 위로 나왔지, 호오이~~

제주 양씨 할머니, 바위틈에 큰 전복 발견하곤 빗창 들이댔는데
전복이 빗창을 물고 안 놔줘, 눈앞에 손주가 오락가락
안 돼 내 손주 용돈 줘야지, 바다 박차고 물위로 나왔지 호오이~~

해녀삼대(海女三代)

1
사시사철 파도 소리 들리는 바닷가 순이네 초가집
아기 해녀는 엄마 따라 갓물질을 배워 나가요
원담 안에서 미역, 톳을 따고
보말, 성게, 바닷게 잡아
집 식구 반찬 상에 올리는 뿌듯한 자신감에
마음 들떴어요.

2
작은 망사리 메고 조금씩 멀리 나가
붉은 산호초의 찬란함에 반하고
베도라치, 놀래기, 쥐치와 눈인사 스치며
바다 용궁 여기저기 돌아보는 재미는 한순간

바닷속 보물을 캐야지 조급한 마음으로
전복, 소라 따며
동생들 해어진 고무신 생각
어머니 환한 미소 떠올리며
순이는 하군에서 중군, 상군해녀로 발돋움했어요.

3
비가 오고 눈발이 날려도
순이, 엄마, 동네 삼촌들은
바닷속 저승길 오락가락하다가
얼은 몸 불턱에서 녹이는데
어느새 따스한 봄이 오고, 다시 여러 번 오고 가면서
순이 꿈이 자꾸만 커져 부푼 가슴 인어공주가 되어

왕자 따라 이웃 마을로 시집갔어요.
그리곤 아들 딸 낳았어요.

4
사시사철 파도 소리 들리는 바닷가 순이네 초가집
엄마 따라 갓물질 배웠던 아기 해녀는
하군 중군 상군 해녀로 성숙해 가면서
아기, 엄마, 할머니로 인생 살아가면서
오늘도 삼대의 '호이', '호이', '호이' 숨비소리는
수평선 너머 멀리멀리 흘러갑니다 ~~~

기억이 멎은 수평선

돌아보면 늘 그 자리
멈추어 서는 사랑처럼
햇살 좋은 날인데
찰랑거리는 그리움으로
내 마음 흔든다.

아련해지는
풍경처럼
고스란히 향기로 남아
꼬리를 물던 상념들
마음으로 쏟아진다.

가끔
파랗게 돋아나는
선명한 그리움
아, 그 많은 시간을 그리워하듯
가장 행복했던 날
밤바다, 물속에서 뜨거웠던 고백 아득히 그립다.

저기 바다가

무한대 바다 수평선 너머 붉은 태양 솟구쳐 오르는
시퍼런 물결 맞아 유목민처럼 자유롭게 항행하자

신비의 바다, 파도에 실려 오는
수많은 전설 속 영웅이 되어
바다 깊숙이 감추어진 보물 지도를 찾아 떠나자

저 멀리 촛대바위 맴도는 물새 떼
피곤한 나래 쉴 즈음
등대도 눈 빨개져 애오라지 기다림으로 밤 지새우고
아득한 거리에서 영혼의 만남으로 기도 바친다.

우리, 떠나자 '이여도 사나 이여도 사나'
부산 오륙도, 울릉도, 독도, 흑산도 너머 대마도로
중국 다롄, 러시아 블라디보스톡으로
쉼 없이 밀쳐오는 파도 헤치고
지난날 고운 추억들, 모래톱에 묻어 버리고

뿔 고둥 노랫소리 물결 타고 흘러오면
멸치 후림에서 고래 음향까지 감응하며
사해동포와 더불어 자유 평화의 소원이
바다 용궁, 인류의 궁전에
산호처럼 곱게 피어나게 하소서

바다 닥터

옛날에
파란 하늘, 흰 구름 둥실
속살 비치는 제주바다
수초 사이로 물고기 오락가락

지금
파도 소리 예와 같지만
문명 쓰레기로 오염되는 바다
한없이 부끄러운 우리의 양심
동네 사람들 모두 나와서
생동하는 바다 지켜 나가세
제주 해녀는 바다의 닥터.

제5부 해녀의 기도

한림성당(翰林聖堂)의 추억

여명을 깨치는 성당의 종소리
한림 포구에서 금악봉으로 치닫는 시공에

신도들 무리 지어 맥그린치 사제 맞으며 기도 바쳤지
주님은 나의 목자, 사랑과 평화의 은총 내려 주소서

은은하게 퍼지는 풍금 멜로디, 천상으로 올라
복음의 홀씨로 흩어져 지상에 씨 드리네.

마른 땅 갈아엎어 새 생명 틔우는
이시돌 성인의 땀방울, 묵주 고리가 되어
고달픈 삶 뒤로 넘겨
믿음과 소망의 여정으로 나아가는 성전에서
앞바다 빨간 등대, 톤지 섬, 비양도가 보이고

바다 가운데 어선들, 주변에 떠도는 태왁
숨비소리 연달아 들려오는데
이 험한 세상에서
안전, 평화, 행복의 길로 인도하여 주소서

어느 할머니 해녀

바위틈에 큰 전복 붙어 있는 걸 보았지
테왁은 저만치 흘러가는데
할머니 자맥질하고 다시 입수

전복 본 순간, 빗창을 잽싸게 집어넣었지
그런데, 전복이 빗창을 꽉 물어 버렸어
할머니 숨 다 해, 바닥 차고 나오려는데
아이고, 빗창 끈이 손목에 묶여있어

사력을 다하는 할머니
예쁜 손주 얼굴 떠오르는데
전복은 끝내 놔 주질 않아
우리 할머니 수장되고 말았으니
이 일을 어찌하랴
바다는 그냥 모든 걸 품은 채 말없이 흘러간다.

※ 빗창 : 해녀가 물질할 때 바위에 붙은 전복을 뗄 때 사용하는 길고 무딘 철제 도구

브라보 청춘

막 물에서 나오는
해녀 사진을 찍으려는데
한사코 손사래 쳐

"할머니 왜 사진 찍는 게 싫어요?"
"그럼, 쭈글쭈글한 주름 얼굴 찍어선 머 하려고?
그러지 말고 그림으로 젊고 예쁘게 그려주면 좋겠어"
사진사를 뒤따라온 화가
얼른 이젤 펴고 그림 그리는데
"주름살 다 펴고 연지, 곤지 찍고 복사꽃처럼 곱게 그려줘 "
그렇다! 할머니 해녀의 소원, 뉘라서 안 들어 주랴
몸은 늙었어도 마음은 이팔청춘

돌아온 해녀

삶이 퍽퍽했던 암울한 시절
정든 고향 떠나 바깥 물질했었지
부산, 울릉도, 흑산도 유랑생활
이제 지친 몸 고향으로 돌아와
가을걷이 끝난 들녘에서 허공을 응시하는 여유
적막한 산사 뜨락, 탑돌이 하는 여인들을 보며
합장 묵상하는 귀향 해녀
세상사 번민을 잠시 잊고
무념무상으로 밟아보는 탄탄한 흙의 은혜.

스토리텔러, 바다

갯가

〈무더운 7월 '쏴아 ~철석!' 파도 소리 요란하다.
이웃집 순이가 알몸으로 물질 나서는데 엉덩이가 능금처럼 하늘로 치솟아 있다〉

우아! 순이 엉덩이가 Y 계곡처럼 너무 신비스러워
어떤 게 감춰져 있는지 되게 궁금해?

쇠막

〈밤이면 돌이는 순이네 집 쇠막으로 들어가 "음메에 음메에" 신호로 순이를 불러내어 사랑 고백〉

우와! 사람들은 알콩달콩 재미나게도 사랑싸움하는구나!
돌이가 물속에서 얼은 순이 몸을 따스하게 녹여주는 것 같아

아기 탄생

〈눈 많이 내린 겨울, 돌이와 순이는 혼례식을 올린다. 이듬해, 아기가 태어난다.〉

동네 사람들은 허니문 베이비라 하지만 우리 바다는 알아요.
쇠막에서 이루어 낸 사랑의 결실이라는 거
우리를 '바보'라고 나무라지 마세요.
볼 것 다 보고, 알 것 다 알거든요~

인생살이

돌이 부부 3남 3녀를 두고 물질하여 번 돈으로 땅 사 밭 늘리고, 소, 돼지, 닭을 키우며 오순도순 살았어요. 아이들이 장성하면 혼례를 올려 자손이 번성하였습니다.

방사탑

〈제주 섬에는 하늬바람, 샛바람, 마파람, 갈바람이 불어와 풍다의 섬이라 한다.〉

해안을 둘러싼 올레 담은 곡선으로 스크럼을 짜서 태풍이 집으로 들어오지 못하게 분산시키고 무사 안녕을 비는 방사탑은 삼재를 막아 주어

돌이네, 아들딸, 손자녀

한 울타리 안에서 행복하게 살아갑니다.

나른한 봄날

보드라운 햇살이
병아리 실핏줄 간질이는 봄날
오늘은 물질 쉬고 싶다
바다 가기가 겁이 난다

“순이야 가자”하는 소리에
화들짝 놀라
삼촌 따라 부산히 나서는 나
맘속에선 투덜대는 독백이
아지랑이처럼 피어오른다.

해녀 우문(愚問)

오직 바다에 몸 바쳐
비바람, 눈보라가 쳐도
바다가 내어 주는 선물에 자족하고
바다를 사랑하여 가꾸며 더불어 살았어요.

사람들, 살아가다가 한계상황에 부딪히면
“어떻게 살아야 하는가요?”
“권세 휘두르며 부귀영화 누려서 족할까요?”

누군가를 사랑하며 살아갈 날도 많지 않은데
누군가에게 감사하며 살아갈 날도 많지 않은데
남은 세월 얼마나 된다고
남의 가슴에 못 박지 말고 살아가야지
욕심내지 말고 나누며 살다 가자

모정(慕情)

그때 그 시절 읍내 민속시장에서
어머님은 순대국밥 냄새가 싫다고 드시지 않았습니다.
그 일이, 돈이 모자라서인 줄을 뒤늦게 알았습니다.

어머님 사랑을 가슴에 새겨
자책과 울분의 결기로 공부하여 장학금 탔을 때
어머님의 환한 미소
지금도 떠올라 한없이 그립습니다.

상군해녀이신 어머니
그러나 분수에 맞게 자족하셨던 어머니

젊은 시절 만용 부려 가출했었는데
"얘야 가자, 아버지 기다리신다."
부드러운 어머님 말씀에 발길 돌리고
직장 면접시험 때 신사복정장 마련해 주신
우리 엄마 물질의 힘

이제 저희들이 그래도 살만했는데
우리 어머님, 하늘나라 가셨으니 이 일을 어찌하리오?
그 가없는 사랑 보은할 길 없으니…

어느 해녀 철학자

물속에 투영된 파란 하늘 흰 뭉게구름
수면 위에 앉은 당당한 소금쟁이
바람의 변덕으로 살랑거리는데
조금 쓸쓸해 보인다.
작은 벌레가 떨어지곤
노송의 그림자 일렁이는데
소금쟁이 빛의 속도로 달려가
벌레를 물고, 체액을 흡입하네.
잠시 후 물의 파문은 사라지고
다시 고요한 적막감이 흐르는 작은 연못

가녀린 소금쟁이도 생존경쟁 게임을 하는데
우리 가련한 해녀의 삶
적자생존 물숨이 그칠 날이 있으랴
잔잔한 바다에서는
훌륭한 해녀가 만들어지지 않는다.

짭짤한 내 사랑

사랑
그립고, 변하고, 사라지고
다시 부활하기도 하는 바람결 같은 사랑

누가 사랑을 숙명이라 했던가?
피보다 진한 사랑을 파도에 날려 보내고
한 맺힌 춤사위로 삭히고는
그렇다, 내 사랑
애오라지 순수한 사랑을 위해
우리는 별리의 먼 뒤안길에서
돌아와 도킹하고
깊은 바다 밑으로 빠져드는
아찔한 내 사랑

바다의 봄

살얼음 녹아 졸졸졸
버들강아지 움트는 소리

영등할머니 씨 드리는 소리
녹색, 갈색, 분홍색 해초 흐물흐물
바다 숲, 돌 틈에서
문어 다리 서로 끌어안는 열정의 몸짓
연인들의 교태, 그러고 나서
수많은 알, 부활하는 소리
이제, 바다는 오르가슴을 넘어 새 생명을 창조하는구나.

프러포즈

'이여도사나 이여도사나
한푼 두푼 벌어 놓은 금전
사랑하는 낭군님 용돈에 다 들어간다….'

내가 노 저을 때
나는 당신의 시선을 느꼈어요.
나는 당신을 사모합니다.
낮은 데로 임하여 자신을 내려놓고
사랑과 덕으로 세상을 품는 당신.

내가 당신을 사랑하는 연유는
제발 안전하게 돌아오기를 애타게 기다리는 마음
그리고 물에서 나올 때 망사리를 들어주고 싶어섭니다.
당신의 가슴속에 들어가
얼은 당신의 몸을 녹여주고 싶어섭니다.

내가 당신을 사랑하는 이유는
이 세상 가장 낮은 곳에서
높은 곳을 향하여 동반자가 되고 싶어섭니다.

세상 씻는 바다

세상의 온갖 오욕을 씻어주려고
파도는 끊임없이 밀려오고 밀려가고
권력, 물욕, 명예욕으로 얼룩진 검은 바위에
엄청난 노여움으로 부딪혀 비산하는 너의 노여움을
하늘은 내려다보고 있구나.

그침 없이 부딪히고 깨어지고 흩어지는 거품과 포말로
사람들의 영혼을 맑게 씻는 세례식에 참례해야지
요단강, 아니고 끝 모를 바다에서
그리하여, 백사장은 너의 씻김으로 인하여
은빛 금빛으로 빛나고 있구나

해녀의 기도

해녀들은 물질 나가기 전에
마음 모아 무사 평안을 빈다.
해신당, 방사탑, 당산, 해안가 어디에서나
설문대 할머니, 삼신할머니, 영등신, 용왕신에 빌고 또 빈다.

「해녀아카데미」

해녀 찬가

원시 바다
나신으로
자맥질하는 제주 해녀

고달프고
슬프고
행복했던 날들

해녀 노래로 자기 위안, 일체감 키우고
지역사회 풍요
행복한 세상 만들기 위하여 희생양 되시는
그리하여 다시 부활하는 바다의 목자

이제 해녀 문화부족으로 수평선 넘어
세상 사람들 가슴으로 흘러가리라
자연, 인류사랑
영원한 평화를 꿈꾸며
God bless Haenyeou!

바다의 평화

무한대 바다 수평선 너머 붉은 태양 솟아오르는
동방의 해 뜨는 나라
순수의 바다, 시퍼런 물결 맞아
유목민 되어 자유롭게 항행하자

수많은 전설 속 영웅이 되어
바다 깊숙이 감추어진 보물지도를 찾아 떠나자
저 멀리 솟아오른 바위섬
물새 떼, 피곤한 나래 접는데
등대도 눈 빨개져 애오라지 기다림으로 밤 지새며
아득한 시공을 윤회한다.

연달아 밀려오는 파도 바라보며
지난날 고운 추억들, 물결에 실려 오면
자유 평화의 물결 대양으로 퍼져 나가
사해동포와 더불어 아름다운 세상 만드세

바다의 딸

'우리 집의 대들보
나는 해녀, 바다의 딸
이 한 몸 바다에 내던져
열 길 물속을 드나든다네.'

우리 시대의 어머니
고달픈 삶의 구비마다
온갖 시련 고난에 부딪히는데
때로는 바다를 벗어나고 싶을 때도 있었겠지만
숙명으로 알고 거부하지 못하는 아픔이 밀려드는데

'외로워도 슬퍼도 나는 안 울어…'
들장미 소녀 캔디, 아니 보랏빛 순비기꽃*이
그리운 바닷가에서

* 순비기 꽃 : 해녀들이 물질할 때 꽃과 잎을 따, 귀를 막으면 깊은 물속이라 해도 멀미가 나지 않는다는 꽃.

고백

작은 문제 생겨 쩔쩔맬 때 다가와 풀어주는 그 사람
슬픔에 젖어 울음 울 때 눈은 가끔씩 씻어줘야 한다며
곁에 있어 주는 그 사람
계곡 깊숙이 핀 야생화를 신비스럽게 바라보는
감성 깊은 그 사람

그 사람 생각나 문득 전화 걸면
"내가 먼저 걸려고 했었는데…" 하는 수줍은 그 사람
나를 밀쳐오는 비바람 눈보라를 손바닥으로 가려준다고 해서, 막을 수는 없지만 그래도 우리, 영원토록 동행할 수는 없는 건가요?

연인의 노란 손수건 흔들기 전
그래, 봄은 이미 우리 곁에 와버렸지
저 설산 넘어 한 걸음으로
사랑하는 여인의 가슴에
따스한 입김으로

제6부 너에게 가는 길은 멀고 험하다

마두포 연가

왠지 슬퍼질 때, 화가 날 때
나는 한림항 방파제 따라 바다 쪽으로 걸어갔었지
치어리더처럼 출렁이는 파도, 하얀 등대 너머로
톤지섬, 비양도가 반겨주었지

파도가 밀려오고 떠나는 바다를 물끄러미 의시하며
수많은 전설 속 주인공처럼 나도 영웅이 되어
바다 깊숙이 감추어진 보물지도를 찾아 나서고 싶었지

해초 사이로 미끄러지는 형형색색의 물고기
돌아보면 늘 그 자리, 하얀 등대는
찰랑거리는 그리움으로 비양도를 향해 비추었지
기억이 머문 저편에서 아련해지는 풍경처럼
유소년 시절의 수많은 상념들이 별빛 되어 쏟아졌지

이만치 걸어 온 여정에서 노랗게 솟아나는 그리움
뜨겁던 청춘 고백이 아득히 그리워
지금은 마두포로 불리는 유년 시절 한림항
떼 지어 물질하던 해녀 삼촌들은 다 어디가고
어선들만 정박해 있구나

쉼 없이 밀려오는 파도 바라보며
자유, 평화, 번영의 소원 모아
수천 개 종이배 접어 띄우노니
바다 용궁, 산호꽃처럼
온 누리 가득 피어나게 하소서

해녀 애환(哀歡)

쌍돛대 불쑥 올라오는 순간
이방인의 눈에는 신비스럽게 보여요
싱크로나이즈드 스위밍 장면을 연상하며
'제주 섬의 인어(The Mermaids of Jeju Island)' 스토리 촬영도
해요

숨 참고 자맥질, 깊은 바닥에서 전복 소라 따고
숨 다하여 물위에 긴급하게 튀어 오르는 숨비소리 "호오이~"
저승길이 오락가락
낭만에 가려진 이면의 급박한 현실

딸에서 엄마가 되고, 다시 엄마의 어머니, 여러 세대에 걸쳐
가족의 삶을 지켜 온 제주 해녀의 가없는 모성은
별이 지고, 달이 가고, 해가 바뀌어도
"호오이~" 바다 물결 타고 영겁으로 흘러갑니다.

해녀 헌시(獻詩)

누리를 수호해 온 해녀 천사에
숙명적으로 감사기도 드립니다.

"태양은 스스로를 비추지 않고
강은 자신의 물을 마시지 않고
나무는 자신의 열매를 먹지 않고
꽃은 자신을 위해 향기를 내지 않습니다.
타자를 위해 사는 것이 자연의 법칙입니다.
우리 모두는 서로를 돕기 위해 태어났습니다.
자신이 아무리 어렵더라도 말입니다."

이 아름다운 말씀대로 살아오신 제주 해녀님들
당신은 다른 사람이 행복해할 때 더 좋아하셨습니다.
우리는 당신이 있어서 진정 행복했습니다.
우리 사회에 평화와 은혜를 베푸시는 해녀
우리는 당신을 영원히 사랑합니다.
We can't stop loving you!

뚜 루루 뚜루~

옛날 옛적
바닷가 순이네 오막살이
울담 너머, 파도소리 들으며
순이는 돌멩이 주어다가 방사탑을 쌓았네요.
"파도야, 파도야 우리집에 들어오지 말아다오"

큰바람 부는 날 아기 고래들이 몰려왔어요.
순이는 아기 고래들이 불쌍하게 보여
멸치를 주고 돌려보냈어요.

큰바람 부는 날
고래들이 떼로 몰려왔어요
"뚜 루루 뚜루 귀여운 아기 고래
뚜루루 뚜루 어여쁜 엄마 상어
뚜루루 뚜루 힘이 센 아빠 상어"

그리움

비가 내린다
서글픈 마음의 창에 어른거리는 환상
세상 떠난 아내의 동그란 얼굴

빗물이 흐른다.
대지 속살, 스코리아 깊이깊이 스며들어
큰 바위에 눌린 슬픔, 하늘로 솟구치고는
다시 지표를 애무하며 흐르고 흘러
폭포수와 바닷물을 포용하여
구름다리 허공에 토해내는 무지개.

드넓은 바다에서 환호하는 파도, 파도여
섬 그늘에 그리움 한 조각 남겨두고
다시 새 천지 향해 오르내리는 물길은
영겁의 세월을 그리움으로 윤회하도다.

미술 시간

생각나는 사람 그리라 해서
난, 무심코 엄마 모습 그렸어요.

테왁은 주황색으로
고무 옷은 까만색으로
망사리는 연두색으로 예쁘게 색칠했지요.

교실 게시판에 엄마 모습 볼 때마다
나는 용기가 솟아올라요
고생하시는 엄마를 생각하며
오늘도 열심히, 더 열심히 공부합니다.

생명수를 분출하는 바다

제주 조랑말 타고 해안에서 오름으로 내달리면
고개 내민 제비꽃, 복수초, 민들레 화들짝 놀라
왕벚, 동백, 편백, 삼나무 지나치며
저만치 갈대 손짓하며 부르네

바람이 말갈기 흩어 올리면
사위 바다, 노도 하늘로 치솟아
한라 영산 백록담에 구름으로 몰려와
눈비 내리고 물방울 방울
현무암 스코리아를 머금고
지심으로 흘러들어

지하 수천 미터 곳간에 유폐된 암반수
대양 바닷물 무게로 역류하여
제주 포구 샘물로 솟구쳐 오르니
용암대지와 바다가 만들어 낸 삼다수
평화를 사랑하는 섬사람들
이 신비의 생명수를
세계 인류에 내려줌이 온당하지 않겠나

빗물 & 파도

비가 내린다
눈물이 흐른다
슬픈 마음의 창에
어른거리는 환상은
일찍 돌아간 오누이의 동그란 모습

빗물이 흐른다
단단한 대지 속으로
깊이 깊이 스며든 빗물은
축적된 힘으로 넘쳐흘러
하늘로 솟구치고는
다시 바다를 품어 어우르는
파도여 파도여

흐르는 바다

찬란했던 젊은 날의 기억은
흑백 필름 돌아가듯
나는 너를 그리워하며
너는 다정한 미소로
나와 너는 우리가 되어
큰 바다로 동행하는 화합 사랑의 위대함이여

도돌이표로 저며 오는 그리움
허탈의 세계로 흘러갈
시원을 알 수 없는 저 바닷물은
다시 그 끝을 모르고
허공으로 몸부림치는 한을 품어
멀리 수평선으로 비상한다

너에게 가는 길은 멀고 험하다

태초에 바다가 있어서, 그냥 들어갔어.
해초, 물고기와 더불어 헤엄치고 자맥질하고 놀았지
그러다 물 먹을 수도 있어요.
숨을 한껏 참았다가 물 밖에 나와서 물숨을 내 쉬어야지

비바람, 눈보라 쳐도 바다는 우리의 삶의 터전
아기 바다, 엄마 바다, 할머니 바다에서
하군 해녀, 중군, 상군으로 승진하면서

가까운 바다에서 먼 바다로
전라도, 경상도, 강원도, 일본, 중국, 러시아
바람 부는 대로 물결치는 대로 부초같이 살아 온 여정

'저 너머에 행복이 있다.'는 전설 믿고
'이여도 사나', '이여도 사나' 노 저으며 바다 세계를 누벼 다녔지
가족을 살리고, 마을을 돕고, 수탈자에 저항운동도 하면서
삶이 퍽퍽하고 힘들었지만 우리는 당당하게 살아왔어.

햇빛, 빗물, 바람 머금고 세월이 흐르면
수만 곱절로 보답해 주는 대지와 바다의 신비
'사람들이여, 너희가 만일 땅과 물의 수고와 희생을 모른다면 사람이 아니다.'

달, 별, 은하수가 흐르는 바닷가에서
그리움으로 밀려오는 회한을 간직하고
제주, 어디서나 볼 수 있는 해녀 석상들이
그 자리에서 수평선을, 미래의 세상을 바라보고 있다.

그리운 영희 누나

동네 어른들 말 소문에
'간밤에, 면장네 집 영희가 사라졌다는데…'
그 후론, 영희 소식 아무도 몰라
나는 그 말 믿지 못하고
지금도 영희가 배시시 웃으며
우리 집 대문 밀며 들어설 것 같아

영희 누나 갓 물질할 적에
내게 주었던 준 문어와 해삼
"철수야, 이거 남자한테 되게 좋대…."

그 달콤했던 사춘기 추억 속에 몹시도 보고 싶은 영희 누나
지금 어디서 어떻게 살고 있는지, 언젠가는 돌아오겠지
'애통해하는 자는 복이 있나니 저희가 위로받을 것이요…'

바다가 내게

맑은 날 아침. 갈매기 '끼륵끼륵'
어서 일어나라고 날 깨워요

눈 비비며 일어나 마당에 나가 보면
파도가 밀려오고 밀려가고
'쟤들은 피곤하지도 않나 봐'

귀와 마음 열고 세상을 받아들이면
물고기들, "날 잡아봐라" 쫓고 쫓기는 그림이 다 보여요
아니 미역귀가 엿듣고는 내게 일러주었어요.

사라진 마을

유배의 섬 제주, 한 맺힌 사연 수북이 쌓여
368 오름마다 홍매화, 왕벚꽃, 유채꽃, 하늬바람에 팔랑거리고
붉디붉은 동백꽃 낙화되어 그 나뭇가지에서 새순 돋아
부활하는 역사를 의시(疑視)하며 화해 상생의 하모니로 진혼곡을 합주하자

회개, 용서, 화해, 상생이 혼돈되는 기로에서
원망과 절규를 불사르고, 그 잿물 오름 골짜기마다 흐르고 흘러
한 바다로 흘러 동행해야 옳지 않겠나?

진정, 대동(大同)의 길로 손에 손잡고 자유 평화 노래하는 그날을 그리며
사라져 버린 바닷가 마을에 돌아와
방사탑에 소원을 빈다.
파도 소리, 갈매기 울음소리 예와 같구나.

■ 도와주신 분들

표지화/컷

김순례 *Kim, Sun Lye* 전) 교문중학교 교장, 홍익대학교 교육대학원 미술교육 전공 졸업, 대한민국국민대전· 아름다운서울전, 서울시립미술관 초대 작가, 제주의 빛 전, 예술의 전당 초대 작가, 강동미술인 전, 강동아트센터 외 다수 초대 출품

제주어 및 영어번역

이종실 *Lee, Jong Sil* 2020년 <백두산문학> 수필 등단, 전) 제주외국어고등학교 교장, 제주대학교교육대학원 영어교육전공 졸업, 오라동자연문화유산보전회 회장, 제주어보전회 상임이사